Bibliografische Information der Deutschen Nationalbibliothek:

Die Deutsche Bibliothek verzeichnet diese Publikation in der Deutschen National-
bibliografie; detaillierte bibliografische Daten sind im Internet über http://dnb.d-
nb.de/ abrufbar.

Impressum:

Copyright © 2015 GRIN Verlag
Druck und Bindung: Books on Demand GmbH, Norderstedt Germany
ISBN: 9783668376069

Dieses Buch bei GRIN:

https://www.grin.com/document/351105

Anonym

Die ambivalente Darstellung Saladins in der "Historia" von Wilhelm von Tyrus und den "Annales Stadenses" von Albert von Stade

Vom realpolitischen Herrscher zum Antichristen

GRIN Verlag

GRIN - Your knowledge has value

Der GRIN Verlag publiziert seit 1998 wissenschaftliche Arbeiten von Studenten, Hochschullehrern und anderen Akademikern als eBook und gedrucktes Buch. Die Verlagswebsite www.grin.com ist die ideale Plattform zur Veröffentlichung von Hausarbeiten, Abschlussarbeiten, wissenschaftlichen Aufsätzen, Dissertationen und Fachbüchern.

Besuchen Sie uns im Internet:

http://www.grin.com/

http://www.facebook.com/grincom

http://www.twitter.com/grin_com

Universität zu Köln
Historisches Institut
Einführungsseminar: Selbst- und Fremdbilder im Mittelalter
WS/2015

Die ambivalente Darstellung Saladins in der Historia von
Wilhelm von Tyrus und Chronik von Albert von Stade
– Die Entwicklung vom realpolitischen Herrscher zum
Antichristen in der abendländischen Christenheit des
13. Jahrhunderts

Inhaltsverzeichnis:

3

1. Einleitung

Die vorliegende Hausarbeit beschäftigt sich mit der Darstellung von Saladin in den christlichen Werken von Wilhelm von Tyrus *Historia*[1] und Albert von Stades *Annales Stadenses*[2]. Konkret geht es um die Frage, wie sich die Darstellung von Saladin durch christliche Autoren nach dem Fall von Jerusalem verändert hat. Dazu muss vor allem auf die Entstehungsgeschichte der Werke und die Arbeitsweise der Autoren eingegangen werden, um die Darstellung Saladins als Feindbild der Christenheit nach dem Fall Jerusalems zu verstehen.

Wilhelm von Tyrus nimmt im Rahmen der Kreuzfahrerüberlieferungen eine besondere Stellung ein. Er war der einzige Kreuzzugschronist, der den Großteil seines Lebens und bis zu seinem Tod, laut Meyer 1186, in Palästina gelebt hat[3]. Wegen seiner Tätigkeit als Erzbischof und Kanzler von Jerusalem fanden neben geistlichen Themen auch realpolitische Konflikte Platz in seiner *Historia*, die die Ereignisse bis zum Jahr 1183/4 aufgreift.[4] Deshalb erhält die Quelle besondere Beachtung in dieser Hausarbeit, beschreibt sie Saladin ohne Vorbelastung durch die Eroberung Jerusalems 1187. Folglich ist diese Beschreibung befreit von heilsgeschichtlichen Einordnungen Saladins und bietet die Ausgangslage für eine Darstellung des Realpolitikers Saladin. Zur Analyse von Wilhelm von Tyrus Leben, seiner Arbeitsweise und den Besonderheiten seines Werkes, wird die Forschungsarbeit von Rudolf Hiestand[5], Thomas Rödig[6] und Rainer Christoph Schwinges[7] herangezogen[8].

---

[1] Alle im folgenden Verweise von Albert von Stade beziehen sich auf Annales Stadenses, ed. Johann Michael Lappenberg (MG SS XVI, 283 ff.), Hannover 1859. Für die deutsche Übersetzung der Veweise wurde die Edition Stade, Albert von: Annales Stadenses, hg. und übers. von Franz Wachter (Die Geschichtsschreiber der deutschen Vorzeit, Band LXXII, 2. Aufl.), Leipzig 1896 verwendet.

[2] Alle im folgenden Verweise von Wilhelm von Tyrus beziehen sich auf Historia rerum in partibus transmarinis gestarum, ed. R.B.C. Huygens, (Bd. I-II Corpus Christianorum, Cintinunatio Mediaevalis 63), Turnhout 1986. Für die deutsche Übersetzung der Verweise wurde die Edition Tyrus, Wilhelm von: Historia rerum in partibus transmarinis gestarum, hg. und übers. von Eduard und Rudolf Kausler, (Geschichte der Kreuzzüge und des Königreichs Jerusalem. Aus dem lateinischem des Erzbischofs Willhelm von Tyrus), Stuttgart 1840 verwendet.

[3] Hiestand, Rudolf: Zum Leben und zur Laufbahn Wilhelms von Tyrus, in: Deutsches Archiv für Erforschung des Mittelalters 34, 1978, S. 348.

[4] Rödig, Thomas (Hgg): Kreuzzugsideologie und Toleranz, Studien zu Wilhelm von Tyrus (Monographien zur Geschichte des Mittelalters; Bd.5) Stuttgart 1977, S.12.

[5] Hiestand, Rudolf: Zum Leben und zur Laufbahn Wilhelms von Tyrus, in: Deutsches Archiv für Erforschung des Mittelalters 34, 1978, S. 345-380.

[6] Rödig, Thomas (Hgg.): Zur politischen Ideenwelt Wilhelms von Tyrus. (Europäische Hochschulschriften 03, Geschichte und Hilfswissenschaften, BD. 429) Frankfurt am Main – Bern- New York- Paris 1990.

[7] Schwinges, Rainer Christoph (Hgg.): Kreuzzugsideologie und Toleranz. Studien zu Wilhelm von Tyrus (Monographien zur Geschichte des Mittelalters; Bd.5) Stuttgart 1977.

4

Infolge der Eroberung des Königreiches Jerusalem im Jahr 1188 nahm das Interesse an Saladins Leben und seiner Person immens zu. Es war ein einschneidendes Erlebnis für die gesamtchristliche Welt und erschütterte das christlich-abendländische Selbstverständnis. Folglich nahmen auch kontinentaleuropäische Werke die Beschreibungen des Eroberers Saladin in ihre Aufzeichnungen auf, darunter Albert von Stade in seinen *Annales Stadenses*. Er begann die Arbeit an seinem Werk im Jahr 1240 im Benediktinerorden St. Marien in Stade führte sie bis zum Jahr 1256 fort. Darin enthalten ist folgende Einordnung Saladins in die christliche Heilsgeschichte: *Eodem anno abbas Ioachim sic de antichristo prophetavit: Cum fuerint expleti 1260 anni, nascetur antichristus. Et hic pro sanctissimo*[9]

Saladin wird in Tradition des Antichristen gesetzt und erscheint als das Feindbild der Christenheit schlechthin. Wie Stade zu dieser Einschätzung kam, soll durch die Forschungsarbeit von Karl Fiehn[10] und Gerda Maeck[11] aufgezeigt werden.

Nach der Vorstellung der beiden Quellen kann nun auf die Entwicklung zwischen den beiden Quellen eingegangen werden. Es soll geklärt werden, warum sich das Feindbild von Saladin als Antichrist in Kontinentaleuropa durchgesetzt hat, anstatt des realpolitischen Machtpolitikers.

---

[8] Hierbei handelt es sich trotz ihres Alters um Standwerke zur Forschungsdebatte um Wilhelm von Tyrus.

[9] Stade, Chronik, 1188, 35f. *In ebendemselben Jahre prophezeite der Abt Joachim so über den Antichristen: „Wenn 1260 Jahre erfüllt sein werden, wird der Antichrist geboren werden". Und dieser wurde für sehr heilig gehalten."*

[10] Fiehn, Karl: Albertus Stadensis – Sein Leben und seine Werke, in: Historische Vierteljahresschrift, Zeitschrift für Geschichtswissenschaft u. für Latein. Philologie des Mittelalters, 26, Dresden 1931, S. 536 – 572.

[11] Maeck, Gerda: Die Weltchronik des Albert von Stade - Ein Zeitzeugnis des Mittelalters. Studien zur Geschichtsschreibung Alberts von Stade, Norderstedt 2001.

2. Wilhelm von Tyrus – Ein christlicher Historiograph im Orient

Die Person des Historiographen Wilhelm von Tyrus und sein Werk *Historia rerum in partibus transmarinis gestarum* [12](eine Kreuzzugschronik in 23. Büchern[13]) fand in der neuzeitlichen historischen Forschung sehr viel Beachtung und Anerkennung[14] Das Wissen über das Leben Wilhelm von Tyrus ist sehr beschränkt, die wenigen Erkenntnisse über ihn stammen aus seinem Werk selbst und werden in der Forschung kontrovers diskutiert. Geburtsort und Jahr entziehen sich genauerer historischer Kenntnis.[15] Ebenso ist das Todesjahr des Historiographen in der frühhistorischen Forschung unklar.[16] Vermutlich sei er um 1130 geboren und laut Mayer im Jahre 1186 verstorben.[17] Man geht davon aus, dass Wilhelm von Tyrus aus einer wohlhabenden, bürgerlichen Schicht entstammte, die im 12. Jahrhundert in das Königreich Jerusalem einwanderte.[18] Bis zu seinem 14. Lebensjahr absolvierte er ein Studium in einem Kloster in Palästina. Schwinges vermutet, dass Tyrus wegen dem eingeschränkten Lehrmöglichkeiten für Christen im Orient nach Europa reiste.[19] Fast 20 Jahre studierte Wilhelm von Tyrus an verschiedenen Schulen in Kontinentaleuropa und kehrte erst nach Beendigung seiner Ausbildung 1165 nach Palästina zurück. Dort gelangte er schnell wegen seinem vertrauensvollen Verhältnis zu Almarich I. in Schlüsselpositionen der Verwaltung Jerusalems. Nach dem Amt des Kanonikus wurde er 1167 zum Archidiokonat in Tyrus ernannt und übernahm sogar die jurisitische Ausbildung des Königssohn Balduin.[20] Sein geistliches Amt vermischte sich immer mehr mit politischen Aufgaben. So reiste er schon vor der Königskrönung Balduin IV. als diplomatischer Vertreter Jerusalems nach Byzanz, um für ein Bündnis gegen Ägypten

---

[12] Diese Historia behandelt den Zeitraum 1127 bis 1184. Sie ist alleine dokumentiert als abendländisch-christliche Quelle den Zeitraum diesen Zeitraum der Kreuzzüge. Ohne das Werk von Wilhelm von Tyrus wäre man auf die Deutungen byzantinischer und arabischen historiographischen Werke angewiesen, Schwinges, Kreuzzugsideologie und Toleranz, S. 16 f.
[13] Ein Drittel der Kreuzzugschronik handelt über den Ersten Kreuzzug und die Eroberung Jerusalems. Der Rest des Werkes richtet sich bis 1184 den Regierungszeiten der Könige in Jerusalem.
[14] Für eine Zusammenfassung zum Forschungsstand vgl. Hiestand: Zum Leben und zur Laufbahn Wilhelm von Tyrus, S.16.
[15] Rödig: Zur politischen Ideenwelt, S.12.
[16] Hiestand: Zum Leben und zur Laufbahn Wilhelm von Tyrus, S. 346 f., sowie Mayer, Eberhard Hans: Kreuzzüge und lateinischer Osten, London 1983, S.182.
[17] Ebd., S.201.
[18] Schwinges: Kreuzzugsideologie und Toleranz., S.19.
[19] Ebd, S.22 f.
[20] Ebd., S.29.

zu werben.[21] Spätestens mit der Inthronisierung Balduins IV. hatte der spätere Historiograph seine politische Sphäre als Kanzler mit der geistlichen Funktion als Erzbischof von Tyrus 1175 verbunden.

Durch seine guten Vernetzungen am königlichen Hof und seine herausragende Stellung in politischen und geistlichen Ämtern im Königreich Jerusalem, eignet sich seine Quelle besonders als direkter Zugang über die historischen Ereignisse der Kreuzfahrerzeit. Diese Arbeit begann von Tyrus nach Schwinges 1167 angeregt durch König Almarich I. Idee eine Chronik für Jerusalem zu verfassen.[22] Dagegen sieht Rödig die starke Verbundenheit von Tyrus zu Jerusalem als Hauptfaktor, die ihm zum Schreiben der Historia veranlasste.[23] Die Verfassung der Bücher begann am Ende des Jahres 1169 und wurde im Jahre 1184 mit dem XXIII. Buch abgeschlossen. Das Werk Wilhelm lässt sich in zwei Bereiche einteilen. Im ersten Teil seiner Historia behandelt der Chronist die Vor- und Frühgeschichte Jerusalems. Dabei benutze er Vorlagen anderer Historiographen, die er in seinem Werk nicht namentlich erwähnt.[24] In der Forschung wird Wilhelm von Tyrus unterstellt, dass er sehr kritisch und objektiv mit Daten und Zeugenberichten umgegangen ist, weil er vom heilsgeschichtlichen Schema abweicht.[25] Dadurch wird deutlich, dass von Tyrus einen eher politisch-historisch Schreibstil nutzte und versuchte die gesammelten Fakten zusammenhängend, emotionslos und in der chronologischen Reihenfolge wiederzugeben.[26] Wilhelm von Tyrus lässt kaum Wertungen über Geschehnisse in seine Chronik einfließen. Als Beispiel wird von Meyer, die Patriarchenwahl des Heraklius von Jerusalem genannt, wobei von Tyrus selbst kandidierte und die Wahl verlor.[27] Auf dieser Grundlage urteilt Schwinges über von Tyrus als „*Meister der Geschichtsschreiber*".[28] Kritik dazu weist Rödig auf, der von Tyrus Schreibstil an Sallust angelehnt sieht. Dieser nutzte die direkte, ungefilterte Meinungs- und Beurteilungswiedergabe von Zeitzeugen sowie Quellenberichten und täuschte damit eine besonders hohe Objektivität vor.[29] Diese Beurteilungen zur Quelle sollen im nächsten Kapitel zu der Beurteilung von Saladin bei von Tyrus mitgedacht werden.

---

[21] Rödig Zur politischen Ideenwelt, S. 12.
[22] Schwinges: Kreuzzugsideologie und Toleranz, S. 36 f.
[23] Rödig: Zur politischen Ideenwelt, S.14 f.
[24] Ebd, S.39.
[25] Ebd., S.40.
[26] Ebd., 77.
[27] Mayer: Kreuzzüge und lateinischer Osten, S. 182 f.
[28] Schwinges: Kreuzzugsideologie und Toleranz, S.16.
[29] Rödig: Kreuzzugsideologie und Toleranz, S.55.

3. Darstellung Saladins in *Historia rerum in partibus transmarinis gestarum*

Rödig verwiest darauf, dass Wilhelm von Tyrus keine Aussagen über Gestalt und Aussehen von Saladin tätigt.[30] Der Historiograph betont dagegen besondere Charaktereigenschaften wie Saladins feurigem Geist, seine großer Tapferkeit und äußerste Freigiebigkeit.[31] Gleich in zwei Passagen werden diese Charaktereigenschaften bei Wilhelm von Tyrus hervorgehoben. Diese Darstellung Saladins unterstreicht den Respekt, welcher der Historiograph der zeitgenössischen Figur Saladin entgegenbringt. Allen voran seine Freigiebigkeit wird als bewundernswerte und zugleich gefährliche Tugend beschrieben. Von Tyrus bewundert sie, weil sie dem christlichen Ideal des Teilens mit den Armen nahe kommt und Saladin eine treuergebene Gefolgschaft sichert. Gleichzeitig warnt er genau vor dieser Loyalität. Sie macht ihn neben seinen positiven Charaktereigenschaften und erfolgreichen Siegen zu einer potentiellen Gefahr für das Königreich Jerusalem.[32] Ohne Kampfhandlungen konnte er bereits die Länder Syrien, Damaskus und Balbeth einnehmen und seine Gefolgschaft stärken ohne Soldaten an mögliche Belagerung zu verlieren.[33] Auch konnte er sich gegen einen möglichen zweiten Thronanawärter durchsetzen, da seine charismatische Persönlichkeit und Erfolge alle Zweifel an seiner Legitimation beseitigten. Saladin konnte nur an das Gold für seine Freigiebigkeit gelangen, weil er die Nachfolge seines Onkels Schirukh am Hofe des Kalifen antrat und daraufhin den Kalifen selbst umbrachte, um sich mit dem gewonnen Reichtümern eine loyale Basis an Unterstützern zu sichern.[34]

Nach diesem kurzen Überblick der Saladin Erwähnung bei Wilhelm von Tyrus wird deutlich, dass in Relation zu anderen Berichten über Heeresführer Saladin nur einen sehr geringen Stellenwert einnimmt.[35] Dies verwundert, da Wilhelm von Tyrus Saladin durchaus ein großes Gefahrenpotential zuspricht und respektvoll sowie objektiv über seine Mittel der Herrschaftslegitimation spricht. Schwinges erklärt dieses Defizit durch den Informationsmangel der jeweiligen Zeit. Er war an die wenigen Informationen

---

[30] Rödig: Kreuzzugsideologie und Toleranz, S. 77.
[31] Von Tyrus, Historia, XX, 12, 3. Und XXI, 6, 6.
[32] Ebd., XX, 30.
[33] Ebd., XXI, 6, 1.
[34] Ebd. XX, 12, 1.
[35] Herbers, Klaus: Die Eroberung Jerusalems 1099: Ergebnisse und Perspektiven, in: Bauer, Dieter / Herbers, Klaus / Jaspert, Nikolas (Hgg.): Jerusalem im Hoch- und Spätmittelalter – Konflikte und Konfliktbewältigung – Vorstellungen und Vergegenwärtigungen, Frankfurt - New York 2001, S.445.

gebunden und wiederholte sie auch deshalb, um die fortschreitenden Eroberungen Saladins zu erklären.

Auf dieser Grundlage kann gezeigt werden, dass Wilhelm von Tyrus seinen objektiven Schreibstil bei der Beschreibung Saladins beibehalten hat. Er ordnet das herausragende Aufkommen Saladins nicht in eine christlich-abendländische Heilsgeschichte ein, sondern rekonstruiert über die historischen Ereignisse den Aufstieg Saladins nach. In seiner Beschreibung scheint eine respektvolle Bewunderung für dessen außergewöhnliche politische und militärische Erfolge durch und Wilhelm von Tyrus erkennt sehr konkret die Gefahr die von Saladin ausgeht.

Nach dieser zeitgenössischen Betrachtung Saladins soll nun die Darstellung von Albert von Stade folgen, um sie anschließend mit der Wahrnehmung von Wilhelm von Tyrus vergleichen zu können. Hierzu muss zunächst der Autor der *Annales Stadenses* näher betrachtet werden.

4. Albert von Stade, ein biographischer Überblick

Als Benediktinerabt in Stade soll Albert als Chronist und Dichter seine Arbeit an der *Annales Stadenses* im 13. Jahrhundert durchgeführt haben. Nach Maeck gilt er als literarisch gebildeter und theologisch gefestigter Historiograph.[36] Die im Rahmen dieser Arbeit herangezogene Weltchronik mit ihrem kurzen Bericht über den Aufstieg Saladins, entstand vermutlich mithilfe der Mönche des Stader Marienklosters zwischen den Jahren 1232- 1240 und wurde spätestens nach seinem Rückzug ins Minoritenkloster von Albert von Stade überarbeitet sowie bis 1256 fortgesetzt.[37] Obwohl Albert von Stade als Zeitzeuge in Hinblick auf die religiöse Situation im deutschen Reich im 13. Jahrhundert eine zentrale Rolle spielt, wurde ihm als Person und seinem Werk wenig Beachtung geschenkt[38].

Über das Leben und Wirken des Historiographen wurde sehr wenig dokumentiert. Fiehn weist nach, dass die meisten Informationen zu dem Chronisten aus seinen Werken selber stammen.[39] Dementsprechend können über Geburtsort und -jahr, sowie Todesdatum nur Vermutungen aufgestellt werden. Es wird davon ausgegangen, dass

---

[36] Maeck: Die Weltchronik des Albert von Stade, S.22.
[37] Fiehn: Albertus Stadensis – Sein Leben und seine Werke, S. 549.
[38] Ebd, S.294 f.
[39] Ebd., S.549.

Albert von Stade noch vor 1187 in Norddeutschland auf die Welt kam, da der Chronist im Jahre 1206 bei Amtseintritt als Domherr während der Subdiakonatsweihe 20 Jahre alt gewesen sein muss. Über jugendliche Sozialisation, Erziehung und schulische Bildung gibt es keine Belege, ebenso ist über seine berufliche Qualifikation als Prior, Benediktinerabt und Franziskanerbruder wenig bekannt.

Auffällig an seinem Leben vor der Abfassung der *Annales Stadenses* ist sein Versuch die strengeren Zisterzienserregeln in die Benediktinerorden von Stade einzuführen. Seine geistliche Karriere begann Albert von Stade nämlich gerade in dem Benediktinerkloster Ramesloh bei Lüneburg. Hier konnte er bis zum Prior aufsteigen und 1232 diese machtvolle Position auch kurzzeitig in der Benediktinerabtei St. Martin in Stade halten. Maeck zeigt auf, dass Albert von Stade in diese Schlüsselposition auf Geheiß des Erzbischofes von Bremen eingesetzt wurde und dort die Zisterzienserregeln im Benediktinerorden einführen sollte. Der Erzbischof unterstützte maßgeblich den Reformeifer von Stades auch gegen Widerstand in St. Martin.[40] Jedoch scheiterte Albert von Stade später an den dortigen Strukturen und konnte eine Umänderung nach Zisterzienservorbild nicht durchsetzen. So wechselte er 1240 in das Minoritenkloster St. Johannis in Stade, das wohl vorher auf sein Betreiben gegründet wurde. Er scheint hier Franziskaner geworden zu sein, um seiner literarischen Tätigkeit nachgehen zu können. Über das Leben in dem Franziskanerorden ist bis auf einen Eintrag in seinem Werk, sowie in einer Hamburger Urkunde nichts bekannt.[41]

Bei dieser kurzen Vorstellung der wichtigsten, biographischen Ereignisse in Albert von Stades Leben wird unterstrichen, dass seine Handlungen realpolitisch motiviert waren. Er war nicht nur an theologisch-geistlichen Fragen interessiert, sondern nutzte ihm gegebene Möglichkeiten zur aktiven Veränderung seines Umfeldes nach seinen Vorstellungen. Von Stade griff dazu auf Verbündete wie den Erzbischof von Bremen zurück, um in Schlüsselpositionen zu gelangen und eine Reformation nach Regeln der Zisterzienser in Stade anzustoßen. Sein Einfluss war sogar so groß, dass auf seine Initiativen ein Minoritenkloster gegründet wurde, in das er sich später für seine literarischen Arbeiten zurückzog. Folglich ist auch seine Weltchronik von der Wahrnehmung realpolitischer Ereignisse geprägt. Diese versucht er in ein christlich-abendländisches Schema einzuordnen. Diese Ordnungsprinzipien müssen im nächsten Kapitel mitbedacht werden.

---

[40] Maeck: Die Weltchronik des Albert von Stade, S.11.
[41] Ebd, S.17.

5. Darstellung von Saladin in *Annales Stadensis*

In den Einträgen zu den Jahren 1186, 1188 und 1189 findet Saladin Erwähnung in der Weltchronik des Albert von Stade. Auffällig ist, dass die Person Saladins erst 1186 für den Leser erläutert wird, er aber schon 1184 erstmalig genannt wird. Man erhält direkt ein negatives Bild zu seiner Person, als einer seiner Botschafter auf den Hoftag in Verona erscheint und das Erbrecht Saladins auf Jerusalem über einen Brief vor einem wichtigen Teil der abendländischen Christenheit verkündet.[42] Im Hinblick auf den Ablauf der Eroberung Jerusalems dabei wichtige Etappen bis zur Eroberung verschwiegen, wie der vorangegangene Bruch des Waffenstillstandvertrages zwischen König Guido und Saladin. Durch diese Weglassung von historischen Kontext soll dem Leser vermittelt, dass Saladin die Einnahme Jerusalems schon zuvor genau geplant habe. In Wirklichkeit war es eine geopolitische Notwendigkeit nach dem Vertragsbruch. Ob Albert von Stade hier absichtlich eine Verschleierung durchgeführt hat oder nicht, kann abschließend nicht geklärt werden. Von Stade war kein Zeitzeuge und wie Hartmann aufzeigt war die Überbringung des Briefes ein nach dem Fall Jerusalems verbreitetes Gerücht.[43]

Auch für die im Jahr 1186 folgenden, biographischen Zusammenfassung von Saladins Leben kann nicht geklärt werden, welche Informationen von Stade zur Verfügung hatte und ob er diese Darstellung bewusst gewählt hat. Hier wird Saladin nämlich im Einklang mit Tyrus als kluger Mann bezeichnet, der aus ärmlichen Verhältnissen abstammt und sich wegen seinem Talent sich am königlichen Hof etablieren konnte.[44] Auch der Vorwurf der Usurpation stimmt mit von Tyrus überein. Folglich treten vor allem negative Aspekte an der Charakterisierung Saladins auf. Er wird über seine Taten beschrieben, die seine Durchsetzungskraft und eigene Skrupellosigkeit unterstreichen. Diese steht im Gegensatz zur Charakterisierung von Tyrus. Er zeigte auf, dass die Gefahr bei Saladin nicht von seiner eigenen Skrupellosigkeit ausging, sondern durch die geschickte Anbindung breiter Massen an seine charismatische Herrschaft. Somit lässt sich feststellen, dass Albert von Stade weniger militärische und politische Überlegungen zur Zeit der Kreuzzüge in sein Werk einfließen lässt. Er konzentriert sich auf die

---

[42] Stade, Chronik, 1184, 34 - 37.
[43] Hartmann, Johannes: Die Persönlichkeit des Sultan Saladin im Urteil der Abendländischen Quellen. Berlin 1933, S. 59.
[44] Stade, Chronik, 1186, 13 f

wenigen Schlüsselmomente der Saladineroberungen, um eine kohärente Erzählung anfertigen zu können.

Hierzu wird der fremde Islam nun als Feindbild sterilisiert, um einen eindeutigen Schuldigen für die Eroberung Jerusalems 1188 vorweisen zu können und den daraus resultierenden Schmähungen wie der Abtransport des heiligen Kreuzes nach Damaskus oder die Gefangennahme des König und Patriarchen von Jerusalem.[45] Hierzu wird der Prophet Muhammed fälschlicherweise als Gott der Muslime bezeichnet, um die göttliche Macht der Muslime und ihre Gefahr in einer verständlichen, menschlichen Person begreifbar zu machen.[46] Albert von Stade zielt darauf ab, die Gefahr des Islams durch die beiden Charaktere Saladin und Muhammed zu verweltlichen. Er versucht seine Informationen in eine christlich-abendländische Weltordnung anzupassen und nutzt dafür eine kohärente Erzählung, die sich auf die Antichristen Weissagung zuspitzt.[47] Sie soll eine Erklärung geben für den Verlust Jerusalems, der in dieser Form nicht von den Gläubigen im Abendland erwartet wurde.[48]

Zusammenfassend ist die Darstellung Saladins bei Albert von Stade ein Versuch die vormals fremde Kraft des Islams über die Verweltlichung und Sterilisation zum Feindbild in das christlich-abendländische Weltbild zu integrieren. Dazu nutzt Albert von Stade größtenteils den korrekten Hergang der historischen Ereignisse und füllt die Charakteristika Saladins und der islamischen Religion mit seinem eigenen Weltbild aus. Diese Analyse wird gestützt durch die vorangegangene Beschreibung des Lebens von Albert von Stade, indem er auch versuchte christlich-abendländische Traditionen zu reformieren und in seine Vorstellungen anzupassen.

---

[45] Ebd., 1188, 20 – 23.
[46] Ebd., 1186, 18, *Machometh, deus gentilium.*
[47] Ebd., 1188, 35f.
[48] Jäckel, Dirk: Saladin und Antichrist. Das Andere Bild vom Ayyubidensultan, in: Brandes, Wolfram / Schneider, Felicitas (Hgg): Antichrist. Konstruktionen von Feindbildern, Berlin 2010, S. 130 f.

6. Fazit

Als unmittelbarer Zeitzeuge für die Feldzüge Saladins und wegen seinem untypischen Schreibstil fernab heilgeschichtlicher Einordnungen nimmt Wilhelm von Tyrus *Historia* eine besondere Stellung in der Darstellung zu Saladin ein. Die respektvolle und aufklärende Wahrnehmung Saladins konzentriert sich auf die Dekonstruktion des erfolgreichen Generals und seiner charismatischen Herrschaft anhand der historischen Ereignisse. Es wird deutlich, dass für Wilhelm von Tyrus diese realpolitische Wahrnehmung in den Vordergrund trat und beweist, dass manche Christen bereit waren von den muslimischen Mitmenschen zu lernen.

Dieser Wille zum Verstehen und Begreifen ist bei Albert von Stade nicht mehr zu erkennen. In seiner Weltchronik wird versucht, den Verlust Jerusalems in die christlich-abendländische Heilsgeschichte zu integrieren durch die Eingliederung Saladins und des Islams in die Konzeption des Antichristen. Dazu wird der Islam als das Böse und Fremde verweltlicht, um ihn begreifbar zu machen und in dieser Form unberührbar in das abendländische Weltbild aufzunehmen. Die angedeutete Brücke des Verständnis für eine andere Kultur bei Wilhelm von Tyrus ist nach der Eroberung Jerusalems bis zu Albert von Stade verloren gegangen, nur die historischen Ereignisse haben ihren Weg in die Weltchronik gefunden.

Weitere wissenschaftliche Arbeiten müssen klären, ob es sich bei der *Annales Stadenses* um eine begründete Ausnahme zur Einordnung Saladins in der abendländischen Wahrnehmung handelt. Schließlich zeigte sein früherer Reformationseifer, dass er neueren Ideen und Regelungen nicht aufgeschlossen war.

13

☐ Literaturverzeichnis:

7.1 Quellenverzeichnis:

Annales Stadenses, ed. Johann Michael Lappenberg (MG SS XVI, 283 ff.), Hannover 1859.

Stade, Albert von: Annales Stadenses, hg. und übers. von Franz Wachter (Die Geschichtsschreiber der deutschen Vorzeit, Band LXXII, 2. Aufl.), Leipzig 1896.

Historia rerum in partibus transmarinis gestarum, ed. R.B.C. Huygens, (Bd. I-II Corpus Christianorum, Cintinunatio Mediaevalis 63), Turnhout 1986.

Tyrus, Wilhelm von: Historia rerum in partibus transmarinis gestarum, hg. und übers. von Eduard und Rudolf Kausler, (Geschichte der Kreuzzüge und des Königreichs Jerusalem. Aus dem lateinischem des Erzbischofs Willhelm von Tyrus), Stuttgart 1840.

7.2 Literaturverzeichnis:

Fiehn, Karl: Albertus Stadensis – Sein Leben und seine Werke, in: Historische Vierteljahresschrift, Zeitschrift für Geschichtswissenschaft u. für Latein. Philologie des Mittelalters, 26, Dresden 1931, S. 536 – 572.

Hartl, Ingrid (Hgg.): Das Feindbild der Kreuzzugslyrik. Das Aufeinandertreffen von Christen und Muslimen (Wiener Arbeiten zur Altertumskunde und Philologie; Bd. 40), Bern 2009.

Herbers, Klaus: Die Eroberung Jerusalems 1099: Ergebnisse und Perspektiven, in: Bauer, Dieter / Herbers, Klaus / Jaspert, Nikolas (Hgg.): Jerusalem im Hoch- und Spätmittelalter – Konflikte und Konfliktbewältigung – Vorstellungen und Vergegenwärtigungen, Frankfurt - New York 2001, S.423 – 466.

Hiestand, Rudolf: Zum Leben und zur Laufbahn Wilhelms von Tyrus, in: Deutsches Archiv für Erforschung des Mittelalters 34, 1978, S. 345 – 380.

Jäckel, Dirk: Saladin und Antichrist. Das Andere Bild vom Ayyubidensultan, in: Brandes, Wolfram / Schneider, Felicitas (Hgg): Antichrist. Konstruktionen von Feindbildern, Berlin 2010, S. 118-134.

Maeck, Gerda: Die Weltchronik des Albert von Stade - Ein Zeitzeugnis des Mittelalters. Studien zur Geschichtsschreibung Alberts von Stade, Norderstedt 2001.

Mayer, Eberhard Hans: Kreuzzüge und lateinischer Osten, London 1983.

Rödig, Thomas (Hgg.): Zur politischen Ideenwelt Wilhelms von Tyrus. (Europäische Hochschulschriften 03, Geschichte und ihre Hilfswissenschaften, BD. 429), Frankfurt am Main - Bern - New York - Paris 1990.

Schwinges, Rainer Christoph (Hgg.): Kreuzzugsideologie und Toleranz. Studien zu Wilhelm von Tyrus (Monographien zur Geschichte des Mittelalters; Bd.5), Stuttgart 1977.